Bibliografische Information der Deutschen Nationalbibliothek:

Die Deutsche Bibliothek verzeichnet diese Publikation in der Deutschen Nationalbibliografie; detaillierte bibliografische Daten sind im Internet über http://dnb.d-nb.de/ abrufbar.

Impressum:

Druck und Bindung: Books on Demand GmbH, Norderstedt Germany
ISBN: 9783668617063

Dieses Buch bei GRIN:

https://www.grin.com/document/386161

Erik Schittko

Die Olympischen Trauerspiele 1972. Die Schicksalsereignisse in München im Kontext geopolitischer Entwicklungen des Kalten Krieges

Eine Untersuchung

GRIN Verlag

Friedrich- Schiller – Universität Jena
Institut für Sportwissenschaft

WS 2015/16

Hausarbeit

Oberseminar Sportgeschichte

Die Olympischen Trauerspiele 1972

-

Eine Untersuchung der Schicksalsereignisse in München im Kontext Geopolitischer Entwicklungen des Kalten Krieges

vorgelegt von:

Erik Schittko
Studiengang: Geographie/Sport (LA Gymnasium)

Inhalt

1 Einleitung

„In München gab es 10 wundervolle olympische Tage. Dann wurden wir aus dem Paradies schöner und liebenswerter Illusionen vertrieben, und niemals werden wir uns dorthin zurückziehen können. Aber war das wirklich alles nur eine Illusion? "

(Willi Daume, 1972)

Dieses Zitat von Willi Daume, dem verantwortlichen NOK – Präsidenten im Jahre 1972, entnommen aus der DOG (1972, Vorwort), wirft auf die, von zahlreich Seiten als „heiter und friedvoll" (Bittner 2004, S.150) proklamierten XX. olympischen Spiele einen Schatten. Dabei war das olympische Jahr von 1972 gefüllt von großen Erwartungen und Hoffnungen, da hierbei das Erbe der umstrittensten Spiele von 1936 in Berlin angetreten wurde (Schiller & Young 2012). Fortführend umgab dieses olympische Jahr nach Schiller & Young (2012) also in gewisser Weise der Wunsch nach Rückgewinnung internationaler Anerkennung durch die Auffassung der Spiele als Wiedergutmachung.

Der repräsentative und symbolische Charakter, sowie die Atmosphäre der XX. Sommerolympiade hätte somit nicht aufgeladener sein können. Die öffentlich- mediale Erzeugung der Skepsis bezüglich der Verantwortung – und Reflexionsrolle, die München in Anbetracht der historischen Perspektive demonstrativ zu erfüllen hatte, war immens (Schiller & Young 2012).

Dennoch wurden die olympischen Spiele in München zu einem großen Fest der Heiterkeit der Jugend dieser Welt, welche die olympische Idee der Versöhnung der Nationen mithilfe großer Anstrengungen und Innovationen aller Beteiligten hochhielt (Gruppe 1999).

Diese Heiterkeit verstummte allerdings nach dem München – Attentat vom 05.09.1972, welches das wohl traurigste Ereignis der Olympiageschichte ist.

Seither bleibt München'72 in seiner Komplexität ein Großsportereignis, welches einen hohen Aufstieg und genauso tiefen Fall zu verzeichnen hat.

Die vorliegende Hausarbeit betrachtet die beiden olympischen Spiele im Jahr 1972 hinsichtlich ihrer organisatorischen Rahmenbedingung, sportlichen- sowie politischen Dimension im Kalten Krieg.

Weiterhin besteht das Ziel in der Untersuchung der Frage, inwiefern man die olympischen Sommerspiele von München als Opfer der Produkte des Kalten Krieges bezeichnen kann und welche Gefahr der Modifizierung zukünftiger sportlicher Großereignissen zu globalen Konfliktplattformen innewohnt.

2 Historische Ausgangsituation

Die olympischen Spiele nach dem zweiten Weltkrieg mündeten Abseits des sportlichen Wetteiferns vor allen Dingen in einen Wettbewerb der Systeme (Stöver 2007).
Es bestand in den olympischen Spielen nach Umminger (2012, S.463) schon immer ein „Krieg ohne Waffen", wie er George Orwell zitiert. Dies trifft den Charakter des Kalten Krieges wiederum sehr gut, da die kriegerischen Auseinandersetzungen zwischen den beiden Machtblöcken und ideologischen Systemen der USA und Sowjetunion immer in Form von Stellvertreterkriegen stattfanden, wie wir es durch den Vietnamkrieg ableiten können.
Interessant ist allerdings, dass der Vietnamkrieg, welcher im Vorfeld der olympischen Spiele in Mexico 1968 noch Leitträger des angespannten politischen Klimas war, laut Kluge (2000), genauso wenig, wie die Niederschlagung des Prager Frühlings, auf Dauer das Ost- West-Verhältnis trüben konnte Das Jahr 1972 wurde allerdings gegensätzlich durch positive Ereignisse, wie das SALT 1 – Abkommen zwischen der UdSSR und der USA geprägt, welches einen Abbau an Kontinentalraketen auf beiden Seiten für fünf Jahre vorsah. Außerdem erfolgt die Unterzeichnung des Grundlagenvertrages zwischen der DDR und BRD am 21.02.1972, welcher zu einer Normalisierung der Beziehung der beiden Staaten und einer internationalen politischen Anerkennung der DDR führen sollte. Im Bereich der Forschung und Wissenschaft entwickelt sich die Weltraumfahrt, welche durch die Apollo Programme von 1969 bis zum 11.12.1972, mit der letzten Mondlandung der Apollo 17 – Mission, die Vorherrschaft der USA im All symbolisierte, jedoch auch ein einigendes Sinnbild des Fortschritt einer ganzen Zivilisation darstellt. Somit weht der kaltkriegerische Wind vor den olympischen Spielen eher sanft und die Zeichen stehen auf Neutralität und weitergehender Entspannung, im Vergleich zu den vorherigen Jahren. Die Auseinandersetzung auf sportlicher Ebene spitzen sich im Jahre 1972 allerdings weiter zu, wie das medial hochpräsente Schachduell zwischen dem US-Amerikaner Bobby Fischer und Boris Spassky aus der Sowjetunion zeigte (Umminger 1992).
Auch der deutsche Ost- West- Konflikt manifestiert sich exemplarisch in der Zielsetzung der DDR, die Bundesrepublik für die Finanzierung der olympischen Sommerspiele auszunutzen und durch angestrebte sportliche Höchstleistungen Medaillengewinne und internationale politische Anerkennung zu erlangen (Schiller & Young 2012).

3 Das Olympische Jahr 1972

Das olympische Jahr 1972 setzte sich aus den XI. olympischen Winterspielen in Sapporo (03.02.1972-13.02.1972) und den XX. Sommerspielen (26.08.1972- 11.09.1972) in München zusammen. Im Folgenden sollen beide olympischen Ereignisse hinsichtlich ihrer Rahmenbedingungen, sportlichen Dimension und Bedeutsamkeit betrachtet werden.

3.1 Die Winterspiele in Sapporo

Die olympischen Winterspiele in Sapporo standen im Zeichen eines doppelten Novums. Zum einen befand sich nach Umminger (1992) erstmals der Austragungsort der Winterspiele in Asien. Japan hatte folglich nach der Rückgabe der olympischen Winterspiele im Jahr 1940, aufgrund des japanischen – chinesischen Krieges die Chance durch ein hohes organisatorisches Leistungsvermögen, seiner besonderen Stellung als erster asiatischer Gastgeber gerecht zu werden. Zum anderen begleitete die Eröffnungsfeier auf der nordjapanischen Insel Hokkaido ein weiterer historisch bedeutsamer Augenblick. Knecht (1993) beschreibt, das erstmalige in der olympischen Geschichte eine selbständige, mit allen Rechten ausgerüstete DDR- Mannschaft, unter ihrem Hoheitszeichen zur offiziellen Begrüßung in das olympische Dorf einzieht.
Die DOG (1972, S. A- 117) reflektierte die Rahmenbedingungen in Sapporo wie folgt:

„Erstaunlicherweise war es gerade Sapporo, wo die Einheit der Spiele wieder gewahrt wurde, sämtliche Athleten endlich wieder im Olympischen Dorf wohnten, was bei früheren Winterspielen leider nicht immer der Fall gewesen war."

Die aus dem Zitat ersichtliche Skepsis findet nach Knecht (1993) ihre Begründung in der Wahl der Wettkampfkulissen, welche beispielsweise erloschene Vulkane für den alpinen Skilauf darstellten, sowie der Angst vor chaotischen Witterungsverhältnissen durch den Schneesturm Fubuki.
Die Finanzierung der Spiele belief sich auf fast 2 Mrd. DM. Es traten insgesamt 1600 Wettkämpfer aus 16 Nationen in 8 Sportarten an.
Allerdings brachten die XI. olympischen Winterspielen ausgehend von diesen Bedingungen allen Skeptikern trotzend wiederum große sportliche Leistungen hervor.
Exemplarisch zu erwähnen sei hierbei ausgehend von Umminger (1992) der Sieg des Spaniers Francisco Fernandez – Ochoa im Spezialslalom. Damit wird dieser zum ersten spanischen Sportler, der bei den olympischen Winterspielen Gold gewinnt und steht sinnbildlich für das Überraschungspotenzial von Sapporo.

Als sensationell gelten außerdem der Sieg des Japaners Yukio Kasaya im Skisprung auf der Großschanze, sowie die allgemeine Vorherrschaft des japanischen Skisprungteams auf der Kleinschanze mit 8 Goldmedaillen.

Auch auf der deutschen Sportfront wurden viele Medaillen gewonnen, was sich besonders im Triumph der DDR- Mannschaft im Rennrodeln (acht von neun Medaillen), sowie im Sieg des BRD- Bob Teams, bestehend aus Wolfgang Zimmerer und Peter Utzschneider, wiederspiegelte.

Nationen	Gold	Silber	Bronze	Gesamt
1. UdSSR	8	5	3	16
2. DDR	4	3	7	14
3. Schweiz	4	3	3	10
4. Niederlande	4	3	2	9
5. USA	3	2	3	8
6. BRD	3	1	1	5

Tab.1 *Der Medaillenspiegel von Sapporo (nach Knecht 1993, S. 217)*

Der Medaillenspiegel lässt bezüglich des im Punkt 2 erläuterten Repräsentationscharakters im Kalten Krieg, eine deutliche Verschiebung des sportlichen Machtverhältnisses auf die Seite des Ostblocks erkennen. Während die Sowjetunion mit 16 Medaillengewinnen, dicht gefolgt von der erfolgreichen DDR mit 14 Medaillengewinnen, eine Vorherrschaftsstellung einnimmt, setzen sich USA und BRD nur auf die Plätze 5 und 6 in der Endstatistik ab.
Der Abstand ist somit deutlich und erzeugt zugleich Spannung hinsichtlich des Kräfteverhältnisses in den folgenden Sommerspielen in München.
Zusammenfassend können die XI. olympischen Winterspiele in Sapporo nach Knecht (1993) organisatorisch, atmosphärisch, sowie sportlich als voller Erfolg betrachtet werden, der besonders der perfektionistischen Planung und Durchführung seitens des Austragungslandes zu verdanken ist.
Allerdings können diese wiederum nicht über die im Vorfeld erfolgte IOC – Debatte um den österreichischen Leistungsträger im Ski – Alpin, Karl Schranz hinwegdeuten, welcher aufgrund des Verstoßes des gesamten österreichischen Abfahrtteams gegen die olympischen Amateurbedingungen als Einziger von den Winterspielen ausgeschlossen wurde (Umminger 1992). Diese öffentliche Debatte zog eine heftige Kritik, besonders gegenüber dem IOC-Präsidenten Avery Brundage nach sich und zeigt, wie politisch – juristische Diskurse, die scheinbare sportliche Neutralität der olympischen Spiele beeinflussen können.

3.2 Die Sommerspiele in München

Eine ganz andere Dimension der politischen Beeinflussung weist die Sommerolympiade in München und Kiel vom 26.08.1972 bis zum 11.09.1972 auf, welche im Folgenden untersucht werden soll.

3.2.1 Die Eröffnungszeremonie und ihre Bedeutsamkeit

Für den Oberbürgermeister der Stadt München im Jahre 1972 Dr. Hans - Jochen Vogel, ist die Eröffnungszeremonie der olympischen Spiele:
„der einzige Moment, an dem beinahe die gesamte Menschheit im übertragenen Sinne zusammenkommt, um gemeinsam zu feiern", zitiert aus Schiller & Young (2012, S.177).
Angesichts der einleitend beschriebenen symbolischen Aufladung der Spiele und die davon gespeisten immensen Erwartungen der Weltöffentlichkeit, kam der Eröffnungszeremonie die Aufgabe einer Impulssetzung gleich, um dem Publikum von etwa einer Milliarden Menschen das neue Image der Bundesrepublik zu präsentieren (Schiller & Young 2012).

Die von Skeptikern anfänglich gehegten Erwartungen einer deutschen Einlaufmechanik der einzelnen Länder auf Marschmusik, wurden von einer individuell gestalteten Einlaufparade der 122 Nationen, welche die Buntheit und Einzigartigkeit der teilnehmenden Staaten repräsentierten, beantwortet. Von Kritikern wurde der Einlauf als schönster Festzug in München, seit der Begründung des Oktoberfestes, bewertet (Umminger 1992).
Die Einlaufabfolge bei der Eröffnungsfeier erfolgte in alphabetischer Reihenfolge, wobei Griechenland die erste Nation darstellte.
Den Höhepunkt der Eröffnungsfeier stellt die Entzündung des olympischen Feuers durch den erst 18- jährigen deutschen Leichtathleten und Jugendmeister Günther Zahn dar, wie Bittner (2004) beschreibt, welcher hiermit die Ära einer Jugendbewegung einleitet, welche sich durch die überraschenden Erfolge und Rekorde meist junger Athleten bei den Spielen in München manifestieren wird.
Die Wirksamkeit der Eröffnungsfeier in München wurde den selbstgestellten Erwartungen gerecht, konnte die größten Kritiker und Skeptiker der Vorphase überzeugen und für die Welt die versprochenen „heiteren und friedvollen" Spiele in gebührender Manier verkünden, was wiederum nach Umminger (1992) der sechsjährigen Planung und Organisation der Münchner Olympiaspiele gerecht wurde.

3.2.2 Organisation und Finanzierung

Bei den XX. olympischen Sommerspielen in München traten in 21 Sportarten und 195 Disziplinen 7173 teilnehmende Sportler und 122 teilnehmende Mannschaften an.
Hinsichtlich der Gesamtkosten olympischer Spiele nehmen Schiller & Young (2012) eine Unterscheidung zwischen teuren und günstigen olympischen Spielen vor. Olympische Spiele seien so tendenziell günstig, wenn sich wie im Falle der Sommerspiele von Los Angeles 1984, die Kosten auf Organisation und Ausrichtung beschränken und vorhandene Infrastruktur ausgenutzt werden können. Dagegen seien olympische Spiele dann mit hohen Kosten verbunden, wenn es umfangreiche Investitionen in Bau von Verkehrsinfrastruktur, Kommunikationssysteme, Unterbringung und Sportstätten erforderlich bedürfe.
Die olympischen Spiele in München fielen so Schiller & Young (2012) fortführend demnach in die zweite Kategorie zählt, was eine von Kluge (2000) erfasste Gesamtsumme von 1,972 Milliarden DM bestärkt, von denen ein Defizit von 686 Millionen DM nach Beendigung übrig blieb. Einen Großteil von 1,350 Milliarden DM flossen in die Baufinanzierung, welche laut Kluge (2000) u.a. die Errichtung des Olympiaparks auf dem ehemaligen Flugplatz und Schuttplatz Oberwiesenfeld ermöglichte. Hierbei entsprang aus dem Budget das berühmte Zeltdach – Olympia – Stadion mit einer Zuschauerkapazität von bis zu 100.000 Plätzen, sowie eine Großsporthalle, Schwimmhalle und Pferderennbahn. Die Errichtung des olympischen Dorfes wurde in einem benachbarten Gebiet vorgesehen. Bittner (2004, S. 150) beschreibt den Baustil des Olympiastadions mit seiner von Günter Behnisch entworfenen signifikanten Zeltdachkonstruktion als „sehr ungewöhnlich“ und „architektonisch mutig“. Jedoch ist dieser auch ein Kind der Zielstellung und des Ausdrucksvorhabens von München 1972 und stellt bewusst eine zur damaligen Zeit postmoderne Architektur voran, die sich gemäß Kluge (2000) in ihrer zentralen Intention so stark wie möglich von der Monumentalität der 30'er Jahre und damit von den olympischen Spiele 1936 unterscheiden sollte.
An dieser Stelle wird deutlich, dass auch das Olympiagelände dem allgemeinen Credo und der von Hans Friedrich Genscher propagierten „nationalen Aufgabe“ (Schiller & Young 2012, S.70) nachkommen musste und ebenfalls einen Teil des allgegenwärtigen historischen Reflexionsgedankens innenhatte.
Die Finanzierung der Spiele von München ergab sich neben den Einnahmen aus Ticketverkäufen, Spenden und TV- Rechten, überraschender Weise zum größten Teil indirekt durch die Bevölkerung. So schulterte das Olympische Münzprogramm, unterstützt durch die Olympia – Lotterie zusammen die größten Gewinne von 931 Millionen DM, wie sich aus der unteren Finanzierungsübersicht von Schiller & Young (2012) ergibt.

Ausgaben		*Einnahmen*	
Baukosten München	1.350	Olympiamünzen	679
Baukosten Kiel	94	Olympialotterie	252
Veranstaltungskosten	523	Einnahmen aus Ticketverkäufen, Spenden und TV-Rechten	359
		Bundeszuschuss für zentrale Hochschulsportanlagen	42
		Bundesmittel	311,7
		Mittel des Freistaats Bayern	154
		Mittel der Stadt München	154
		Mittel des Landes Schleswig-Holstein und der Stadt Kiel	14,4
Gesamt	1.967	Gesamt	1.967

Abb.1 *Der Finanzhaushalt Münchens (*Schiller & Young , 2012, S. 159*)*

Ein weiterer Organisationsaspekt der Spiele, in Anbetracht der noch folgenden Schicksalsereignisse, stellt die Sicherheitsstruktur während der Olympiade dar.
Hier zeichnen Schiller & Young (2012) ein Sicherheitsaufgebot von 2000 jungen Polizisten und Bundesgrenzschützern heraus. Wichtig zu erwähnen gilt hierbei der Aspekt, dass diese Sicherheitskräfte überwiegend nur leicht bewaffnet waren, da eine liberale Leitlinie der Entschärfung angesetzt wurde, um eine entspannte Grundstimmung zu erzeugen. Es wurden somit primär psychologische Mittel der Deeskalation eingesetzt. An dieser Stelle scheint das historische Verarbeitungselement wieder sehr deutlich hervorzudringen. Im Gegensatz zu den militanten Status des NS- Reiches während der olympischen Spiele in Berlin 1936, sollte hier jeglichen analogischen Überschneidungspunkten nach Dahlke (2006), entflohen werden. Fraglich ist nur, inwieweit die organisatorische Sicherheitsfrage von München die Attentatsnacht beeinflusste oder sogar begünstigte.

3.2.3 Die sportlichen Höhepunkte und herausragende Leistungen

Die olympischen Sommerspiele von 1972 sind eine Fundgrube sportlicher Erfolge, welche Rekorde aufstellten und entscheidende Wendepunkte im Werdegang vieler Athleten setzten.
Hierbei sei auf die Aussage von H.D. Genscher verwiesen:
„Die Olympischen Spiele bedeuten viel, vor allem für das Land, das die Jugend der Welt einladen darf."
Zitiert aus Schiller & Young (2012, S.70). Im sportlichen Sinne trifft diese Aussage zu, da die „Jugend dieser Welt" einen großen Platz in der Siegerliste der Spiele einnahm.

Dies zeigt der dreifache Silbergewinn der erst 13 – jährigen DDR- Athletin Kornelia Enders (Bittner, 2004), genauso wie die 15-jährige Australierin Shane Gould, die mit dreifachen Goldgewinn und einer Silbermedaille die erfolgreichste Schwimmerin der Spiele ist (Umminger 1992). Die 16-jährige BRD- Athletin Ulrike Meyfahrt erreicht im Hochsprung am 05.09.1972 mit einer Rekordhöhe von 1,92 m den Olympiasieg (Knecht 1993). Die „Turnkönigin" von München, Olga Korbut, welche mit 17 Jahren drei Goldmedaillen im Kunstturnen gewinnt und somit zu einem Publikumsidol der Spiele wird (Knecht 1993) fügt sich in diese Argumentationskette ein, die beweist, dass München'72 besonders von der Jugend- und Frauenrolle in den Wettbewerben geprägt wurde. Der erfolgreichste Sportler der olympischen Sommerspiele ist allerdings der US- amerikanische Schwimmer Mark Spitz (Umminger 1992), welcher mit sieben Goldmedaillen zum erfolgreichsten Teilnehmer der Spiele wird.

Nicht weniger spektakulär ist der aufgestellte Rekord des BRD – Speerwerfers Klaus Wolfermann mit einer Weite von 90,48 m im vierten Versuch, sowie der Sieg des DDR – Stabhochspringers Wolfgang Nordwig mit einer Höhe von 5,50m und dem zum siegführenden Verwirrspiel der Equipment- Frage (Umminger 1992).
Weitere sportliche Höhepunkte stellen nach der DOG (1972) den Sieg von Heide Rosendahl im Weitsprung, und 4 x 100 m Lauf dar, sowie die Silbermedaille im Fünfkampf. Der DDR – Sportler Roland Matthes behauptete seine Vorherrschaftsposition im Rückenschwimmen mit zwei Goldauszeichnungen, ergänzt von Silber und Bronze im Lagen – Schwimmen.
Außerdem zeichnet die DOG (1972) das spektakuläre Basketballendspiel zwischen der USA und der UdSSR heraus, welches einen 50:49 Sieg der UdSSR hervorbrachte.
Dieses Ereignis steht hierbei demonstrative für die Ebene des Stellvertreterkrieges durch den olympischen Sport 1972 und erzeugte durch das Kopf – an Kopfrennen der beiden Basketballteams ein unglaublich hohes Spannungslevel.

Nation	**Gold**	**Silber**	**Bronze**	**Gesamt**
1. UdSSR	50	27	22	99
2. USA	33	31	30	94
3. GDR	20	23	23	66
4. GER	13	11	16	40
5. JPN	13	8	8	29
6. AUS	8	7	2	17

Tab. 2 *Medaillenübersicht der Sommerspiele* (nach Bittner, 2004, S. 159)

Bezüglich des Machtgleichgewichts der beiden Systemblöcke, scheint hier eine Leistungsannäherung stattzufinden, wie sich aus dem Medaillenspiegel von Bittner (2004, S.159) ergibt.

Damit konnte die klaffende Lücke zwischen der USA und UdSSR der Winterspiele von Sapporo geschlossen werden. Die Sowjetunion ging aus den olympischen Spielen von München deutlich als die erfolgreichste Nation hervor. Die DDR, welche nach Umminger (1992) bei dieser Olympiade genauso wie in Sapporo erstmals sportlich vollständig souverän auftreten konnte, setzte sich vor der Bundesrepublik auf Rang drei ab.

Die olympischen Spiele von München standen im Zeichen der beiden Sportarten Schwimmen und Kunstturnen, in welchen die meisten Medaillenerfolge erzielt werden konnten, wie die Tab.3 der erfolgreichsten Teilnehmer zeigt.

Name / Disziplin/ Nation	Gold	Silber	Bronze
Spitz, M. / Schwimmen/ USA	7	-	-
Kato, S. / Kunstturnen / JPN	3	-	-
Gould, S. / Schwimmen/ AUS	3	2	-
Korbut, O. / Kunstturnen/ URS	3	1	-
Belote, M. / Schwimmen/ USA	3	1	-
Neilson, B. / Schwimmen/ USA	3	-	-
Janz, K. / Kunstturnen/ GDR	2	2	-

Tab. 3 *Die erfolgreichsten Teilnehmer von München* (nach Bittner, 2004, S. 159)

4 Das München – Attentat vom 05. September 1972

Die zahlreich beschriebenen sportlichen Erfolge reihten sich in die Grundstimmung der olympischen Spiele in München ein. Zehn Tage leuchtete München in bunten Farben und all seinen Facetten, dann erfolgte nach Knecht (1993) der Absturz in die Düsternis und damit das Ende der fröhlichen Melodien und des Frohsinns. Statt dessen durchbrachen die Schüsse palästinensischer Terroristen den Frieden und leiteten in der Nacht zum 05.09.1972 das Ende der heiteren Spiele ein (Bittner 2004). Gemäß Dahlke (2006) beginnt die Geschichte des internationalen Terrorismus in Deutschland nicht am 05.09.1972 in München, jedoch brannte sich dieser Tag in symbolischer Manier in das kollektive Gedächtnis aller Beteiligten ein und hinterlässt der Welt einen faden Beigeschmack.

Im Folgenden soll herausgearbeitet werden, welche Ereignisse am 05.09.1972 schließlich zum katastrophalen Ausgang führten und welche Folgen dieser Schicksalstag für München '72 und Olympia an sich nach sich zog.

4.1 Der Ablauf der Ereignisse

Am 05.09.1972 um 4:40 Uhr dringen neun palästinensische Mitglieder der Terrororganisation „Schwarzer September" in das olympische Dorf über die schlecht bewachte Umzäunung ein. Dabei wurden sie von Monteuren der Post für heimkehrende Sportler gehalten. Sie stoßen in das Apartment 1, der Behausung des israelischen Olympiateams vor und nehmen elf Israelis, darunter Athleten und Trainer als Geiseln gefangen (Umminger 1992). Dabei wurden laut Schiller & Young (2012) zwei Gefangenen nach Tumulten sofort erschossen. Hierbei gibt Kluge (2000) an, dass der Gewichtheber Yossef Romano nach Leistung von Widerstand gegen die Terroristen exekutiert wurde. Nach Verständigung der Polizeibehörden beginnen um 6:40 Uhr die ersten Verhandlungen mit den Attentätern (Uminnger 1992). Dabei kristallisiert sich die Forderung des „Schwarzen Septembers" heraus, die israelischen Gefangenen gegen die Freilassung von 234 palästinensischen Guerillahäftlingen aus israelischen Gefängnissen, sowie die Entlassung einiger ausländischer Häftlinge, wie die RAF – Mitglieder Andreas Baader und Ulrike Meinhof. Zudem bestand die Forderung des sicheren Geleits mitsamt Flüchtlingen zu einem Flughafen ihrer Wahl im Nahen Osten, wo die Freilassung der Geiseln erfolgen sollte.
Die israelische Regierung unter der Ministerpräsidentin Golda Meir lehnten die Forderungen der Terroristen ab und so fiel die Aufgabe weiterer Verhandlungen und organisatorischer Schritte der Bundesrepublik zu, wie aus Schiller & Young (2012) hervorgeht. Um 20:30 Uhr kommt eine Vereinbarung zwischen dem politischen Verantwortlichen der Bundesrepublik und den palästinensischen Terroristen zustande, welche den Ausflug samt Geiseln vom Flugplatz Fürstenfeldbruck nach Kairo vorsah. Die Gruppe wurde mit zwei Hubschraubern zum Flugplatz transportiert (Umminger 1992). Die nachfolgenden Ereignisse beschreiben Schiller & Young (2012, S.299) als: „Summe verschiedenster Fehler auf dem Militärflughafen, welche die schlimmsten Befürchtungen Realität werden ließen". Auch aus den Analyseversuchen von Dahlke (2006) geht eine kritische Meinung hinsichtlich einer Überforderungssituation der bayrischen Polizei hervor, die eine irreversiblen Eskalation der Lage ausgelöst hat. Der erfolgte Schusswechsel, zwischen Polizei und den Terroristen, forderte 14 Menschenleben, darunter die Ermordung aller israelischen Geiseln, sowie eines Polizisten und den Tod von fünf Attentätern. Ein Beweisstück der entarteten Situation auf Fürstenfeldbruck stellt der explodierte Hubschrauber dar, in welchem die Geiseln erschossen wurden.

Schiller & Young (2012) stellten abschießend fest, dass die Terroristen zur Durchführung ihrer Mission und Verbreitung ihrer Nachricht, alle optionalen Ausgänge in Kauf nahmen, sogar den eigenen Tod.

4.2 Die Auswirkung des Attentats auf die Weltöffentlichkeit

Das Ereignis am 05.09.1972 zog weitreichende Folgen für die olympischen Spiele nach sich. Am 06.09.1972 findet die Trauerfeier im Olympiastadion für die getöteten israelischen Opfer statt, auf welcher auch der IOC- Präsident Brundage seine Trauer verkündet, allerdings auch den entscheidenden Satz: „The games must go on“, ausspricht (Umminger 1972, S.657).

Durch dieses Credo verkündete er somit die umstrittene Fortführung der olympischen Spiele (Kluge 2000), welche erst am 11.09.1972 endeten.
München‘ 72 bleibt somit nach Knecht (1993) als Fest der Freude und der Tränen in Erinnerung. Aus Grupe (1999) geht hervor, dass die Auswirkungen des Attentats besonders die enorme Planungsarbeit und den Einsatz vieler Beteiligter und Helfer schmälerten und neben der tiefen Trauer für die Opfer auch ein hohes Maß an Wut auf die Terrororganisation hervorriefen, neben dem Unverständnis, warum genau München als Austragungsort dieses Konfliktes herhalten musste.
Allerdings scheint es auch bezeichnend zu sein, dass die Bundesrepublik den größten organisatorischen Aufwand betrieb, um die Bühne des Sports als Spiegel der neuen deutschen Identität zu nutzen, jedoch wie es Knecht (1993) bezeichnete, die Tatsache außer Acht ließ, dass die Bühne des Sports früher oder später auch als Spiegel des Zustandes der Welt ausgenutzt werden könnte.
Durch Umminger (1992) wurden die olympischen Sommerspiele 1972 vor allen Dingen auch als großes Showgeschäft betitelt, was auf die umfangreiche Präsenz der Medien auch während des Olympiaanschlages verweist. So stellen Schiller & Young (2012, S.280) die Terroristen nach der damaligen Berichterstattung, als: „Super – Entertainer unserer Zeit“ dar, welches wiederum eine Dauerübertragung des Geiseldramas zur Folge hatte.
Die Weltöffentlichkeit wurde bis zum Schluss polarisiert. Eine interessante Reflexion diesbezüglich nahm hierbei der ABC- Reporter Jim MacKay vor: „Uns allen wurde an diesem Tag die Unschuld genommen.“, aus Schiller & Young (2012, S.280).

5 Ein Tag im September als Nebenprodukt des Kalten Krieges

Während sich im Licht der olympischen Spiele die Nationen der Welt, wie es Bittner (2004) beschreibt, in Frieden und Miteinander gemäß des olympischen Gedankens präsentieren, gibt es in „unserer unvollkommenen Welt“ wie Brundage auf der Trauerfeier am 06.09.1972 ausdrückt (Umminger 1992, S.657) auch Völker, welche ihre nationale Identität nicht auf sportlichen Großereignissen vertreten und der westlichen Scheinmoral beipflichten können, weil sie keine eigene Nation besitzen.

Der letzte Teil bezieht sich auf die anfängliche These und steht somit für eine politische Deutung und Einordnung des Olympiaanschlages.
Die Terroristen des „Schwarzen Septembers“ rücken nach Dahlke (2006) durch die Plattform der Olympiade einen unschönen Konflikt in den Fokus der Weltöffentlichkeit, der sich durch keine proklamierte Heiterkeit verdrängen lässt. Durch den Anschlag wurden die gesamten olympischen Spiele von München in eine Opferrolle gedrängt.
Der politische Kontext erstreckt sich auf den Israel – Palästina – Konflikt und reicht bis zur Gründung Israels im Jahre 1948 zurück.
Hierbei ist Vidal (2002) zu entnehmen, dass die Ausrufung des Israelischen Staates durch die UN – Verfügung, eine Teilung des historisch- palästinensischen Staatsgebietes nach sich zog. Nach dem Unabhängigkeitskrieg von 1948, der auf palästinensischer Seite als Nakba (arab. Katastrophe) betitelt wird, wurden über eine Million arabische Bewohner des ehemaligen Mandatsgebietes Palästina zu heimatlosen Flüchtlingen, während 630 000 jüdischen Einwohnern mit der Unterstützung der NATO, allen Voran des britischen Königreiches und der USA, ein eigener Staat zugesprochen wurde. Wie Vidal (2002) weiter ausführt, stellt dieses Ereignis neben der Verdrängung der Palästinenser in die angrenzenden Nachbarländern Syriens, Jordaniens und des Libanons, sowie der Gründung des umkämpften Gaza – Streifens, auch die Geburtsstunde des Nah- Ost – Konfliktes dar. Erwähnenswert scheint hierbei der Sechstagekrieg von 1967, welcher mit der Besetzung des Westjordanlandes endete und die Ausweitung des jüdischen Siedlungsgebietes bedingte. Dieser erfolgte unter Intervention US- amerikanischer und britischer Truppen, welche Israel somit Unterstützung bei der Verteidigung und Entwicklung ihres umstrittenen Staatsgebietes zusicherten. Auf palästinensischer Seite bedingten die Kriegsentwicklungen die Gründung der PLO (Palästinensische Befreiungsorganisation) im Jahre 1969, welche für die palästinensische – militante Widerstandbewegung gegen Israel steht. Aus dieser PLO entspringt auch die Terrororganisation des Schwarzen Septembers, welche sich nach der dem Tag der Niederlage im Jordanischen Bürgerkrieg von 1970 benennt. Die PLO versuchte immer wieder das Schicksal und die missliche Lage des palästinensischen Volkes als Folge westlicher geopolitischer Entscheidungen in die Öffentlichkeit zu rücken. Noch vor dem München Anschlag, fand aus diesem Anlass die populäre Flugzeugentführung von 3 europäischen Passagiermaschinen durch die PFLP, einer radikalen Splittergruppe der PLO statt, wie aus Vidal (2002) hervorgeht.
Bedeutsam im Nah- Ost – Konflikt ist außerdem die Rolle des ägyptischen Landes, welches zuerst auf palästinensischer Seite am Gaza- Streifen gegen Israel vorgeht, um eigene Verwaltungsgebiete zu erobern, wie es Asseburg & Perthes (2008) darlegen. Im Gegenzug beteiligte sich Israel am Angriff Großbritanniens und Frankreich auf Ägypten im Sinai Krieg von 1956, wodurch der Suez Kanal besetzt und Israel die ägyptischen Verwaltungsbereiche des

Gaza – Streifen, sowie weite Teile des Sinai zugesprochen wurde. Ägypten stellte zu dieser Zeit neben Syrien den mächtigsten Vertreter der Arabischen Liga dar, welche durch Saudi-Arabien, Syrien, Libyen und den Sudan u.a. ergänzt wird. Später verliert Ägypten die Machtvorherrschaft und muss diplomatische Beziehungen zu Israel aufnehmen. Unterstützt wurde die Arabische Liga von der Sowjetunion, die sich somit in einem weiteren Stellvertreterkrieg eingebunden sieht und der Israelfront gegenüberstand, welche von Beginn an durch den Westblock der Amerikanischen Staaten, England und Frankreich gestützt und mitbegründet wurde. Die Forderung nach einem arabischen Staat seitens Palästina, der Geltungsanspruch auf einen Nationalstaat, ist der bekannte Grundkern des Nah- Ost-Konfliktes, welcher oft als Religionskrieg dargestellt wird, aber bei genauerer Betrachtung auf den großen Kontext der Grenzziehung durch die Machtblöcke nach dem zweiten Weltkrieg zurückzuführen ist und somit den Kalten Krieg des Nahen- Ostens darstellt.
Der palästinensische Staatanspruch gilt somit als Produkt des Kalten Krieges und präsentiert sich in all seiner Verbissenheit und Verzweiflung auf der sportlichen Bühne von München. Somit ist die These haltbar, dass neben den Todesopfern, die olympischen Spiele in München selbst zum Opfer des Kalten Krieges und der geschaffenen Weltordnung mit all ihren Disparitäten und Missständen (Vidal 2002) geworden sind.

6 Fazit

Das olympische Jahr 1972 verweist durch die Inhalte der beiden Olympiaden in Sapporo und München, begleitet durch die politischen Weltereignisse, auf eine Entspannungspolitik während des Kalten Krieges. Es konnte durch die herausragenden sportlichen Leistungen und die entspannte, heitere und friedvolle Atmosphäre bewiesen werden, dass sowohl bei den Winterspielen, als auch bei den Sommerspielen, eine Ebene sportlicher Neutralität geschaffen werden konnte, die immer noch durch den sportlichen Stellvertreterkrieg politisiert, jedoch in einem erstaunlich sachlichen Format ausgetragen wurde. In München werden die enorm hohen Ansprüche an die Nachfolgerspiele der umstrittenen NS- Spiele von 1936, durch eine umfangeiche Organisation erfüllt und zeigen der Welt anfänglich heitere und bunte Spiele.
Die Bundesrepublik verarbeitet durch die sportliche Dimension ihre nationale Vergangenheit und verdient sich eine neue internationale Wahrnehmung. Jedoch zeigen die Spiele durch das München – Attentat am 05.09.1972 auch, dass nicht alle Nationalfragen in der Welt geklärt sind und werden somit im Endeffekt doch noch zum Opfer der Produkte des Kalten Krieges. Das wohl traurigste Ereignis der Olympiageschichte hinterlässt einen bitteren Beigeschmack. Die olympischen Spiele sind hierbei Instrument globaler Konfliktherde und können trotz der Entscheidung der Weiterführung und Sieg des Sports über die politischen Missstände der Welt, seitdem nicht mehr gelöst von globalen politischen Entwicklungen betrachtet werden. Die Gefahr dieser Folgeerscheinung von München ’72 lastet besonders angesichts der Terrorgefahr durch den Islamischen Staat und der weltweiten Flüchtlingsströme im Jahr 2016 auf zukünftigen Großsportereignissen stärker als je zuvor.

Abbildungs- und Tabellenverzeichnis

Literaturverzeichnis

Asseburg, M. & Perthes , V. (2008, 28. Mai): Die Geschichte des Nahost- Konfliktes. Zugriff am 13.01.16 unter <http://www.bpb.de/internationales/asien/israel/45042/ nahostkonflikt> (Zugriff: 2015).

Bitter, N. (2004*). Olympia – Lexikon. Von Athen nach Athen 1986 – 2004*. Köln: DVS Deutscher Sportverlag.

Dahlke, M. (2006). *Der Anschlag auf Olympia '72. Die politischen Reaktionen auf den internationalen Terrorismus in Deutschland.* München: Martin Meidenbauer – Verlag.

DOG (Hrsg.) (1972). *Die Spiele der XX. Olympiade München-Kiel 1972 und die XI. Olympischen Spiele Winterspiele Sapporo 1972.* Stuttgart: Olympischer Sport-Verlag.

Grupe. O (1999). *Einblicke. Aspekte olympischer Sportentwicklung.* Schorndorf: Hofman.

Kluge, V. (2000). *Olympische Sommerspiele. Die Chronik Teil 3.* Berlin: Sportverlag.

Knecht, W. (1993). 1960 Roma, Squaw Valley, 1964 Tokyo, Innsbruck, 1968 Ciudad de Mexico, Grenoble, 1972 München, Sapporo. In W. Knecht (Hrsg.). *100 Jahre Olympische Spiele der Neuzeit.* München: pro Sport.

Kruse, B. (2004). *Die Chronik der Olympischen Spiele. Von der Antike bis zur Gegenwart.* München: Chronik- Verlag.

Pfister. G. (2002). Frauen und Sport in der DDR. Köln: Sport und Buch Strauß.

Schiller, K. & Young, C. (2012). *München 1972. Olympische Spiele im Zeichen des modernen Deutschland.* Göttingen: Wallstein Verlag

Stöver, B. (2007). *Der Kalte Krieg: 1947 - 1991. Geschichte eines radikalen Zeitalters.* München: Beck- Verlag.

Umminger, W. (1992). *Die Chroniken des Sports.* Dortmund: Chronik – Verlag.

Vidal, D. (2002). Von der Nakba zur Intifada. In Le Monde Diplomatique (Hrsg.) (2003): *Atlas der Globalisierung* (S.174-175). Berlin: TAZ.